AF332674

mensuelles de *L'Idée Libre*. — Brochure n° 21.

Juillet 1922

Emilie LAMOTTE

L'Education Rationnelle de l'Enfance

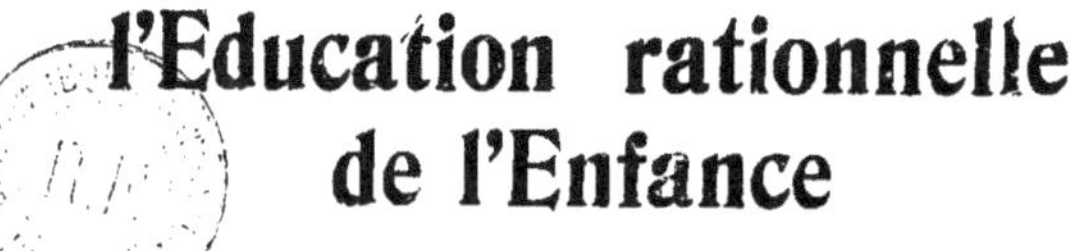

l'Éducation rationnelle
de l'Enfance

Il est une question qui a toujours été considérée comme d'un intérêt primordial depuis que la société existe : c'est l'éducation de l'enfant.

Tous ceux que préoccupent l'évolution de la société et l'émancipation de l'individu s'intéressent à juste titre à cette passionnante question. Nous savons que le problème social ne pourra être résolu que par l'éducation, seul véritable facteur de transformation et de régénération. Or, on ne change pas les cerveaux en un jour, ni même en vingt ans et la besogne éducatrice peut obtenir des résultats plus fructueux quand elle s'adresse aux jeunes, aux enfants, à ceux qui n'ont pas encore été déformés par les influences abrutissantes du milieu social. L'éducation de l'enfance mérite donc tous nos efforts, elle nous permettra de former des individus plus conscients et plus énergiques.

Pères, mères, éducateurs ; tous savent ce que c'est qu'un enfant : un petit être insupportable et merveilleux qui brise beaucoup d'objets et représente l'avenir...

Une seule catégorie d'individus semble se faire de l'enfant une autre conception : pour eux, l'enfant est un être destiné à représenter la tradition. Aussi s'acharnent-ils à la lui transmettre dans toute sa pureté sévère. Affreux travail où le *maître* perd sa santé et l'élève les plus belles de ses facultés ! Mais cette besogne d'asservissement moral est trop profitable aux dirigeants et aux exploiteurs de toutes sortes, pour qu'ils n'aient pas toujours rivalisé d'ardeur afin de posséder de façon exclusive cet incomparable outil de domination : l'école. Et ceci explique pourquoi tant de luttes se sont livrées et se livrent encore autour de cette dernière.

Comment éduquer l'enfant ? Comment en faire un homme, et non un esclave ? Il s'agit de trouver des indications sur ce que doit être l'éducation, dans la nature même de l'enfant, dans l'étude de ses goûts et de ses mœurs.

L'enfant qui fait ce qu'il veut, va, vient, court, crie, casse quelquefois la vaiselle, écorche les arbres, jette des pierres dans l'eau, etc. Mais regardez-le de près, examinez l'attention étonnée dont il suit ses « méfaits », observez ses longues contemplations, sa démolition méthodique et vous vous rendrez compte de son but : il se renseigne.

Il casse vos carreaux, mais pas de la même manière quand il jette sa pierre fort ou doucement. Il a constaté que dans le premier cas, il faisait un trou à l'emporte-pièce et dans l'autre une étoile et il se demande pourquoi l'étoile et pourquoi le rond. Il jette des pavés dans l'eau en s'éclaboussant, mais c'est pour voir les ondes et il acquiert cette notion que l'eau est composée de molécules élastiques capables de propager le choc. Il court après les poules, mais au lieu de vous écrier qu'il est méchant (ce qui ne veut rien dire), regardez-le : il court après les poules, parce que la poule, poursuivie, allonge le cou, soulève ses ailes, se hérisse, présente un autre aspect et une autre forme qu'au repos. Et s'il dégrade les vieux murs, c'est pour surprendre les mœurs cachées des insectes. Il se renseigne et il essaie ; toute la science, vous dis-je

Et c'est une véritable condamnation que vous prononcez contre lui, contre l'avenir, contre le progrès, le jour où excédé, vous vous écriez : « Ah ! il est temps, gredin, que tu ailles à l'école ! »

L'école c'est l'autorité, c'est l'apprentissage de la docilité. Tout ce qui faisait la richesse de cette jeune nature, va adroitement en être extirpé. Plus d'indépendance joyeuse, l'obéissance passive et servile. Plus d'initiative plus de fantaisie, plus de recherche individuelle, il faut adopter sans examen les règles et les dogmes imposés. Il

faut croire, il faut respecter, il faut se taire et se courber.
De l'enfant impétueux, libre et volontaire, on va faire la
matière inerte et docile propre à tous les esclavages et à
toutes les résignations. On va tuer l'homme, pour faire le
citoyen, l'ouvrier, le soldat, l'honnête électeur, l'esclave
satisfait de sa servitude — et c'est l'œuvre de l'école, aux
mains des puissants et des maîtres.

L'enfant tout petit voit des choses merveilleuses et comme il ne peut pas savoir où en est la découverte humaine,
puisqu'il arrive, il soupçonne des choses plus merveilleuses encore. On a dit souvent que l'enfant a beaucoup
d'imagination, ce n'est pas cela : l'enfant a l'imagination
illimitée. La limite du possible, il l'ignore. Et c'est lui qui
est dans le vrai : l'impossible d'aujourd'hui est le possible de demain, comme le possible d'aujourdhui était impossible hier et, en principe, tout sera possible à l'homme.

Donc, l'enfant voit des oiseaux, des machines qui roulent, des bateaux, des horloges, des étoiles, l'eau qui suit
les pentes, des bêtes qui vivent dans l'eau, des ballons de
trois sous qui narguent la pesanteur et des cerfs-volants
qui communiquent leurs impressions par une ficelle à
ceux qui les tiennent. Quand sa mère allume la lampe,
devant l'acte surprenant et magnifique qu'elle accomplit,
lui seul s'émerveille, lui seul *sait encore* combien est
grande et pleine de promesses la découverte du feu. Nous
nous l'avons oublié et sottement vaniteux, nous sourions
de ses émerveillements qui sont *l'impression juste*.

Cependant, si nous consentons à lui laisser son enfance,
cet émerveillement, qui est sa vraie éducation, s'accroît,
s'intensifie, gagne en clairvoyance, il découvre des choses
non encore remarquées (et qui peut être n'avaient jamais
été remarquées encore); il souhaite de reproduire ce qu'il
voit; il veut transformer des choses dans le feu; diriger
l'eau, l'enfermer, la faire jaillir; il ajoute à sa toupie des
accessoires destinés, dans sa pensée, à en modifier le
mouvement; il se heurte à l'impossible, alors il pressent

faut croire, il faut respecter, il faut se taire et se courber. De l'enfant impétueux, libre et volontaire, on va faire la matière inerte et docile propre à tous les esclavages et à toutes les résignations. On va tuer l'homme, pour faire le citoyen, l'ouvrier, le soldat, l'honnête électeur, l'esclave satisfait de sa servitude — et c'est l'œuvre de l'école, aux mains des puissants et des maîtres.

L'enfant tout petit voit des choses merveilleuses et comme il ne peut pas savoir où en est la découverte humaine, puisqu'il arrive, il soupçonne des choses plus merveilleuses encore. On a dit souvent que l'enfant a beaucoup d'imagination, ce n'est pas cela : l'enfant a l'imagination illimitée. La limite du possible, il l'ignore. Et c'est lui qui est dans le vrai : l'impossible d'aujourd'hui est le possible de demain, comme le possible d'aujourdhui était impossible hier et, en principe, tout sera possible à l'homme.

Donc, l'enfant voit des oiseaux, des machines qui roulent, des bateaux, des horloges, des étoiles, l'eau qui suit les pentes, des bêtes qui vivent dans l'eau, des ballons de trois sous qui narguent la pesanteur et des cerfs-volants qui communiquent leurs impressions par une ficelle à ceux qui les tiennent. Quand sa mère allume la lampe, devant l'acte surprenant et magnifique qu'elle accomplit, lui seul s'émerveille, lui seul *sait encore* combien est grande et pleine de promesses la découverte du feu. Nous nous l'avons oublié et sottement vaniteux, nous sourions de ses émerveillements qui sont *l'impression juste*.

Cependant, si nous consentons à lui laisser son enfance, cet émerveillement, qui est sa vraie éducation, s'accroît, s'intensifie, gagne en clairvoyance, il découvre des choses non encore remarquées (et qui peut être n'avaient jamais été remarquées encore); il souhaite de reproduire ce qu'il voit; il veut transformer des choses dans le feu; diriger l'eau, l'enfermer, la faire jaillir; il ajoute à sa toupie des accessoires destinés, dans sa pensée, à en modifier le mouvement; il se heurte à l'impossible, alors il pressent `nistration, du moins de montrer le savoir de *tout le monde.*

Il est impossible de soutenir que le système d'éducation actuel ait un autre effet que de déprimer l'enfant. L'application plus ou moins prolongée à la ⟨ ⟩elle il tente d'échapper par tous les moyens : l'uniformité des études (et même de l'ordre des études) pour des capacités intellectuelles et des originalités très différentes ; l'aspect impressionnant du lieu où se donne l'enseignement, agissant de telle sorte qu'en franchissant le seuil de l'école l'enfant se sent autre, n'est plus lui-même ; l'émoussement fatal de ses sens qui cessent d'être exercés dans de bonnes conditions ; le souci constant de faire ce qu'il voit faire ; la démoralisante assurance du maître qui sait tout, n'hésite jamais, ne doute de rien, l'ignorant, et qui est si sérieux, si pondéré, si savant, qu'on ne peut pas lui poser les questions déraisonnables et formidables qui nous hantent — autant de fautes pédagogiques des plus propres à faire perdre à l'écolier le joyeux appétit du savoir et l'allègre confiance en soi. L'école comme le lycée, c'est le patient et soigneux apprentissage de la médiocrité.

.

Or, je sais de quel sourire les pédagogues sérieux m'écraseraient, s'ils m'entendaient, mais je pense que si au lieu de considérer l'enfant comme un être auquel nous devons infuser la science que nous possédons, et qu'attestent des diplômes ; nous le considérions hardiment, comme un génie à qui nous devons fournir la matière de ses découvertes et les instruments de ses expériences, le ré sultat serait une moisson de génies.

Cependant comme on l'a fait remarquer, l'enfant le plus ordinaire est un prodige et, si l'on songe à la quan-

(1) Albert Bayet (jugé trop avancé pour l'enseignement officiel) ose intituler un chapitre de morale : « l'Inconnaissable ! »

tité d'abrutis parvenus à l'âge d'homme on est bien obligé de conclure à un vice de l'éducation. D'ailleurs supposer l'existence latente du génie chez l'enfant, n'a rien de déraisonnable, car de quel nom peut-on appeler le regard divinatoire dont le petit Linné suivait les germes dans l'espace ; la patiente ténacité du petit Franklin qui n'ayant appris qu'à lire, lut tout ce qui pouvait le mettre sur sa voie ; le profond pressentiment du petit James Watt devant la vapeur dont il chercha à mesurer la force à l'aide de connaissances géométriques que personne ne lui avait données ? Je ne cites que ceux-là et s'ils constituent, eux et leurs pareils, des exceptions, il est permis de supposer que chez bien d'autres, le pédagogue s'est trouvé à point pour brutaliser la rêverie passionnée, ou contraindre l'activité féconde. Pour moi, j'en suis convaincue, et ce galopin qui jette pensivement des cailloux dans la mare, je veux le considérer comme occupé à recevoir le lent et large enseignement, qui lui permettra peut-être de formuler, uu jour, une découverte qui s'ajoutera à celle de Newton car je n'ai pas la sordide et pédagogique vanité de me dire : « Moi qui suis plus perspicace que mon élève, j'espère, je ne vois rien au jeu où il s'amuse, donc, il perd son temps... »

*_**

L'éducateur libertaire doit être bien pénétré de ce principe que l'enseignement où l'enfant n'est pas le premier artisan de son éducation est plus dangereux que profitable. Il est nécessaire que l'enfant s'instruise lui-même, non seulement parce que l'assiduité forcée est nuisible à son développement, non seulement parce que ce qu'il a découvert se fixe mieux dans son esprit que ce qu'il a appris mais surtout parce que la « faculté de découvrir est la première et la plus précieuse de toutes ; celle qui veut être soignée, entretenue, développée avec le plus de soin et le plus de respect. » Ne perdons pas de vue que fournir, d'avance, des réponses à l'enfant qui n'interroge pas, c'est arrêter l'élan de la recherche, rendre son esprit paresseux atrophier sa sagacité ; c'est le mettre dans le cas de celui qui, mangeant intempestivement, ne digère plus et le pire service qu'on puisse rendre à un élève. c'est de tout lui apprendre, « parce que ceux à qui l'on a tout appris ne tirent jamais parti de leur savoir. » L'épithète de bouffi s'applique avec une égale exactitude au dyspeptique engraissé et impotent et à tel agrégé de sciences physiques ou sociales ; à tous ceux qui sont incapables de s'assimiler, pour en faire œuvre vive, ce qu'ils ont absorbé, aliments ou savoir.

Donc, élever l'enfant librement parmi les choses au lieu de l'asseoir (contre son gré), pour faire défiler froidement les choses devant lui ; tel est le principe d'une éducation où l'on ne veut sacrifier aucune des facultés humaines, où l'on veut conserver à l'élève un corps droit, souple et alerte, une vue perçante, une santé robuste et une intelligence ouverte.

Remarquez que c'est le moyen de faire entrer, et sans fatigue, le plus de matières dans l'enseignement, car l'économie de temps est énorme : tout le monde sait que le petit nomade qui circule à son gré dans la forêt. met quelques jours à connaître tous les végétaux d'une flore nouvelle pour lui, et à les distinguer d'après un détail, tandis qu'il faudra « bûcher » deux durs trimestres à l'élève le mieux doué pour l'apprendre dans les nomenclatures ou d'après la description. Je tiens à faire remarquer, en passant, ce fait assez surprenant, que l'ignorance la plus profonde peut co-exister avec la science la plus hérissée chez les personnes ayant reçu l'instruction ordinaire. Combien de normaliens, capables de vous énumérer les acotylédones, sans en oublier un, resteraient court si on leur demandait de quelle couleur est la fleur du radis !

L'éducateur qui étudie plus attentivement l'enfant que

les programmes, a tout de suite fait cette remarque qu'il n'y a pas de méthode qui convienne à tous les enfants. Chacun réclame une culture appropriée. Toutes les facultés, y compris la mémoire, ont leur mode d'acquisition, variant d'un individu à l'autre: celui-c fixe ce qu'il entend, celui-là a besoin de lire pour retenir ; celui-ci observe quand il veut, celui-là quand il peut ; celui-ci les choses exactes et limitées, cet autre, les choses impondérables ; un enfant montrera une habileté égale dans toutes les branches, tandis qu'un autre marquera une tendance à se spécialiser contre laquelle échoueront les efforts les plus loyaux. Naturellement, on ne peut compter que sur l'enfant lui-même pour savoir dans quelle voie il s'engagera avec joie et passion, c'est à dire avec profit.

En outre, le jeune enfant n'aime pas qu'on sollicite sa mémoire. Quand même une connaissance lui est présentée sous forme d'expérience intéressante, si vous lui dites: « Attention ! Je vais vous montrer une chose qu'il faudra vous rappeler. », l'attention se dérobe et la mémoire lui fait défaut. Cet impressionnable se défend d'instinct contre ce qu'on lui impose. C'est pourquoi le seul parti que l'éducateur ait à prendre, c'est de susciter la découverte, de créer l'occasion et de « savoir attendre et recommencer.»

Combien seraient larges et réels les progrès d'un en fant qui, enseigné parmi les choses, comme un petit sauvage serait renseigné par des hommes vraiment civilisés, naturellement, ce n'est pas parmi vous qu'il faut chercher de tels hommes : pédagogies de la société bourgeoise, idolâtres variés, mercenaires bornés, qui vivez la vie humaine sans la comprendre, imbéciles qui méprisez l'homme des cavernes mais qui respectez le ministre de l'Instruction Publique...

*_**

Nous avons donc vu, autant qu'on peut indiquer d'une manière générale et rapide des tendances complexes variées, les véritables aptitudes de l'enfance. Remarquons qu'elles sont profondément en rapport avec la destinée humaine, qui semble être de conquérir les forces naturelles et tâchons de nous faire une idée exacte de ce que doit être l'éducation.

S'agit-il d'apprendre à l'enfant ce que nous savons, de le mettre au courant de la découverte humaine, au point où elle est arrivée ? Oui, sans doute.

Mais aux conditions suivantes : 1° Eviter l'ennui, le dégoût, la fatigue. 2° S'assurer toujours qu'il a bien le sentiment que la science n'est pas une chose définitive, mais une route immense et infinie sur laquelle nous l'avons modestement placé, pour qu'il aille lui-même.

L'enseignement primaire qu'il conviendrait de prolonger jusque vers douze ou quatorze ans devrait donc être la période d'initiation. Celle où l'élève prenant contact à son gré, selon ses dispositions, avec les choses, acquérait une compréhension originale, en même temps qu'il manifesterait ses aptitudes.

Donc il s'agit de sortir résolument de l'ornière, de mettre l'élève à même de se renseigner, d'expérimenter lui-même d'être lui-même le premier artisan de son éducation.

Mais si, dans une éducation non compressive, il ne peut être question de retenir de force l'élève, ni autour d'un discours, ni autour d'une expérience ; ces tâches superbes et complexes : éveiller son intérêt, satisfaire sa curiosité, mettre de l'ordre dans les connaissances acquises, doivent captiver l'éducateur libertaire.

Une objection se présente : l'enfant libre ne sera-t-il pas porté à gaspiller son temps et son activité ne se dépensera t-elle pas en puérilités ? Qu'on soit bien tranquille ! Si l'électeur ramolli ne connaît pas d'autres passe-temps que la manille et d'autres distractions que sa pipe, notre marmot a des préoccupations autrement saines et autrement intéressantes. Il importe simplement, d'abord qu'il soit parfaitement bien portant et ensuite qu'il soit placé dans

un milieu où il puisse trouver des sujets d'intérêt. Rien
ne doit donc être épargné pour sa santé, ni une surveil-
lance continuelle de toutes les fonctions, ni des soins
éclairés et prolongés lorsque l'une d'elles cesse de s'ac-
complir normalement. On peut affirmer toutefois, que
l'enfant dont l'alimentation sera légère et rafraîchissante,
qui ne boira rien d'excitant et qui prendra autant d'exercice qu'il voudra en prendre, ne sera jamais malade.
Dans une éducation qui évite avec horreur les méthodes
déprimantes aggravées d'excitations stupides (émotions,
leçons à savoir troublant le sommeil, craintes des punitions etc. etc.) on n'aura presque jamais à intervenir pour
rétablir la santé. Bien loin de dorloter nos gaillards et de
les plaindre hors de propos, on les félicitera des preuves
d'endurance qu'ils pourront donner (tout en les retenant
dans la voie des exagérations naturelles à la jeunesse)
Car ne l'oublions pas : anarchiste ou non, est plus libre
qu'un autre, celui qui sait, le cas échéant, se contenter
de l'eau de la fontaine, marcher tant qu'il lui plaît, dor-
mir n'importe où, prêter une attention profonde aux choses qui l'intéressent, mais entendre d'une oreille fraîche
les gens se moquer de lui...

En voyant tout le monde lire et écrire, l'enfant demande généralement de bonne heure à le savoir faire aussi.
Non seulement il n'y a aucune raison pour le lui refuser
mais il est tout indiqué de profiter de son désir. D'ailleurs
il acquerra très rapidement les rudiments de ces connaissances qui lui seront tout de suite très utiles et très agré-
ables. Ce qui est absolument condamnable, c'est la hâte
qu'apportent les éducateurs à vouloir que l'enfant possède
le plus tôt possible l'orthographe et la grammaire. La litté-
rature d'un enfant de douze ans peut sans grand domma-
ge pour le lecteur, présenter une orthographe fantaisiste.
Si son orthographe est bonne je dirai: *tant mieux*, à la
condition qu'on n'ait pas obligé l'élève à apprendre et retenir les règles grammaticales; *tant pis*, dans le cas contraire.

Car, alors cette étude a surement pris la place. le temps
des études vivantes et mouvementées qui sollici'aient son
humeur pétulante et lui ont ainsi sous!rait une part
d'énergie.

Pour justifier l'extravagance de leurs programmes, les
pédagogues officiels soutiennent que la physique, la chimie et les sciences naturelles étant plus ardues, réclament
un âge plus avancé. Au contraire, ce sont ces sciences
qui peuvent être présentées de façon amusante et surtout
tangible. Inaccessibles au jeune enfant dans la méthode
des bouquins à figures numérotées, elles sont passion-
nantes pour lui dars la libre étude de la pratique et de
l'expérience. Il est certainement très difficile à l'enfant
de sept à dix ans de distinguer, par exemple, le mot qui
représente l'état ou l'action et qui s'appelle verbe, du mot
qui représente la qualité et qui s'appelle adjectif, tandis
qu'il lui est très facile, avec ses sens plus fins que les
nôtres et son alerte observation, de distinguer les états de
la matière, de reconnaître les phénomènes électriques etc.

Donc, on se mettra à sa disposition pour lui apprendre
à lire et à écrire correctement, en y consacrant, environ,
une demi-heure par jour.

Mais on n'oubliera pas que la grande affaire pour lui,
l'affaire passionnante de sa libre enfance, c'est l'eau, les
nuages, le fer qui se courbe, la terre mystérieuse où
germent les semences, l'équilibre et les insectes, et non
les pièges des participes et des mots composé·. Pour plus
tard les choses embétantes, quand dans son corps solide
et sain, il logera une volonté assez maîtresse d'elle même
pour s'y astreindre. Et pour la même époque, l'histoire
des faits politiques, si profondément étrangère à ses préoccupations.

Et gardons nous de le déranger mal à propos. Gardons-
nous de rappeler, pour lui donner sa leçon de français, ce
petit qui fait un jet d'eau, car la loi de la pression atmos-

phèrique qui lui dicte son existence est susceptible de plus d'applications utiles que les tortueuses conjugaisons de nos verbes barbares. Sachons le laisser faire.

La véritable place de l'enfant est dans une colonie de travailleurs. Je n'insiste pas sur ce qu'il y a d'extrêmement moralisateur pour lui à voir ses grands camarades donner l'exemple du travail manuel, je ne m'occupe ici que de son développement intellectuel. Or, l'enfant aime beaucoup à regarder travailler, à y prendre part, s'il peut, et si ce travail crée des objets intégraux, sa joie est à son comble. Réfléchissons que le producteur intégral applique continuellement des notions de physique, géométrie, chimie, etc. etc, et cela d'une manière toujours intéressante pour l'enfant. L'élève qui voit une barre de fer s'allonger à mesure qu'elle chauffe, se façonner quand elle est rougie, etc, *questionne*, et quand même on ne lui répondrait pas, il a désormais acquis le fait qu'il apprendrait péniblement dans le livre. Mais on aura soin de lui répondre et même, on sera plusieurs à lui répondre, car il est utile de le soustraire à la mauvaise méthode qui consiste à donner à l'élève un professeur pour chaque matière ou pour toutes). Il est indispensable que l'enfant prenne l'habitude de se renseigner sur ce qu'il voit faire auprès de celui qu'il sait être capable de le faire, quitte à venir chercher un complément d'informations auprès d'un autre, qui lui, s'occupera d'étendre et de généraliser les données.

« Jusqu'à l'époque de son adolescence, l'enfant développera son corps par des promenades et des jeux quotidiens; il deviendra plus fort, plus agile, plus adroit. Chaque jour il fera quelque travail manuel et il apprendra ainsi à se servir de ses yeux et de ses mains Il dessinera et ses dessins représenteront des scènes qu'il aura imaginées, ou bien ce seront des ornements tracés sur des objets qu'il aura construits lui même; ou encore ce seront les cartes très imparfaites des contrées qu'il connaîtra

Il apprendra à connaître la vie des bêtes et des plantes cependant que peu à peu on lui fera découvrir l'arithmétique la géométrie, la physique, la cosmographie, bref, la terre et toutes les choses qu'on y voit. L'éducateur, si possible, n'interviendra que pour préparer les circonstances où l'enfant fera ses observations; ou bien, pour montrer à celui-ci, par quelque question embarassante, qu'il s'égare. Il donnera ne donc pas à ses élèves, chaque jour, quatre ou cinq leçons proprement dites; mais il attirera parfois leur attention sur les énoncés de plus en plus généraux qu'eux-mêmes auront formulés. Ce seront les jalons divisant le chemin déja parcouru. Souvent, pour répondre à la curiosité de l'enfant, l'éducateur dira : « Voici ce que l'homme a fait pour diminuer sa peine et assurer son existence ». Et cela constituera chaque fois une leçon d'histoire ». (R. Van Eysinga).

Songeons à tout ce qui est susceptible de frapper l'enfant qui voit faire seulement une roue ! Et s'il voit faire la voiture entière, et s'il la voit essayer, et si elle ne va pas de suite, et si l'on corrige ses défauts devant lui, que de notions aura-t-il acquis sans s'ennuyer un instant !

Et c'est là que vous entendrez jaillir les questions, de même que vous pourrez profiter de claires et fraîches remarques. Il n'y a aucun inconvénient à rechercher devant l'enfant, avec l'enfant, la réponse à une question qu'il a posée si celle-ci vous embarrasse. Au contraire l'élève qui voit que sa question est prise en considération par vous, et vous incite vous-même à la recherche, ne retire de ce fait que d'excellentes impressions : confiance, goût pour la recherche, connaissance des rapports qui servent entre les constatations et les théories, etc. Ce sont les pédants qui voudraient nous faire croire que l'aveu de l'ignorance de l'éducateur est néfaste à l'élève. Les malheureux ne savent donc pas ce qu'un enfant peut demander! Quand on redoute *es colles*. il vaudrait mieux ne pas s'occuper d'éducation...

Malheureusement, les colonies communistes ne sont pas nombreuses, leur réussite est difficultueuse et les petits camarades qui peuvent être élevés par des méthodes rationnelles sont une poignée. L'enseignement reste presque entièrement, aux mains de l'Eglise et de l'Etat qui en ont compris l'immense portée. Et ici, nous sommes conduits à insister sur ce point : quel est le rôle de l'enseignement de l'école?

D'une façon absolument générale, le rôle de l'enseignement de l'école, de toute école, est de tuer l'originalité. La plupart des grands découvreurs et des grands originaux ont été rebutés par l'école. De nos jours, l'homme qui a inventé tous les instruments radiographiques et radiothérapiques, (ce qui suppose une immense documentation et les connaissances les plus variées) est absolument sans titres. Zola avait échoué au baccalauréat pour insuffisance en français ! Ainsi que Lamartine/ Il serait facile de multiplier des exemples aussi frappants établissant nettement que l'école et le génie sont irré conciliables...

Bornons-nous pour l'instant, à l'étude de l'enseignement primaire. A l'école primaire, il s'agit de fabriquer des esclaves perfectionnés, il est impossible de le nier. S'occupe-t-on, en effet, de développer les merveilleuses facultés de l'enfant, son observation, son discernement, son imagination ? Jamais de la vie. On lui « apprend » le français, l'ortographe et la syntaxe qui sont absolument sans intérêt pour lui ; l'histoire qui dépasse sa portée et tend à fausser son sentiment, le calcul borné qui ne s'adresse qu'à la mémoire mécanique, comme la géographie, la récitation de pièces niaises, insipides ou à tendances abrutissantes, et la morale.

Remarquons en passant que l'uniformité des programmes se déroulant dans un ordre prévu d'avance, est l'aveu du but : fabriquer des individus uniformes, modelés sur le type qu'il est utile à nos maîtres d'obtenir.

Je ne m'appesantirai pas sur l'affreux système de punitions et de récompenses, fait pour favoriser tous les mauvais instincts et ébranler le système nerveux si délicat et si impressionnable des enfants. Je ne ferai remarquer qu'en passant, qu'il est impossible au maître d'obtenir l'attention d'une quantité d'enfants souvent énorme; toujours exagérée et généralement placée dans de mauvaises conditions d'hygiène. Tous ces attentats sont justifiés par le souci d'imposer une morale à l'enfant. L'Ecole, voilà son véritable rôle, est chargée de préparer le citoyen.

Chaque fois que la révolte se dresse, elle trouve devant elle l'armée, c'est-à dire les fils du prolétariat affublés d'une livrée et affectés à la défense des caisses du Capital. On découvre que ce sentiment extraordinaire, ce miracle d'imbécilité sur lequel on ne saurait s'ébahir assez, qui pousse les spoliés à défendre ce qui les opprime contre ce qui les délivrerait, sort de l'école; que c'est de l'éducation patriotico moutonnière que l'Etat distribue généreusement aux enfants du peuple.

L'Ecole est, en effet, l'admirable instrument qu'ont utilisé supérieurement les bourgeois du dix-neuvième siècle pour fabriquer des esclaves. Naturellement, on a soin de tenir solidement cet instrument en mains. Les instituteurs, au salaire mesuré, soumis eux-mêmes à des déformations préalables, sont attentivement surveillés et impitoyablement rejetés à la moindre velléité d'indépendance. Tout cela est vrai, mais la matière première de ce beau travail, mais les enfants qui reçoivent l'enseignement primaire et qui en profitent; ce sont les nôtres. Et sous prétexte que l'enseignement est obligatoire et gratuit, laïque et commode, nous laissons empoisonner nos enfants de respects imbéciles et de criminelles stupidités.

On se demande beaucoup, depuis quelques années quel est l'esprit qui domine dans l'enseignement primaire.

L'instituteur est-il patriote ? Est-il socialiste ? Ne pourrait-il être anarchiste ? Ceci n'a aucun intérêt. Je ne veux pas nier qu'il n'y ait des indépendants parmi les instituteurs. Mais la tendance générale des exploités de l'école primaire, c'est la neutralité, c'est l'esprit neutre, neutralitard. Cet esprit imposé par les programmes, d'ailleurs, est une riche trouvaille de la classe repue : Endormons toutes les révoltes, respectons toutes les convictions.

La neutralité qui est inspirée par l'Ecole Normale aux futurs instituteurs est celle-ci : « N'abordez jamais un sujet sur lequel s'élèvent des dissentiments ; l'enfant doit tout en ignorer. L'opinion invoquée par vous pourrait être contraire à celle de son père ou de son tuteur qui pourraient exprimer devant lui leur conviction contraire. L'esprit de l'élève, tiraillé dans divers sens, risquerait de perdre le respect de votre enseignement. Sur toutes questions, soyez neutres ».

Voici ce que nous pourrions répondre : « Soyons neutres, certes l'esprit de l'enfant ne doit pas être tiraillé dans divers sens, car c'est à lui de décider quel sens sera le sien. Il ne doit pas être entraîné dans aucune voie, car il choisira lui-même la sienne, mais il doit se décider en toute connaissance de cause.

« C'est pourquoi tous les problèmes seront agités devant lui, c'est pourquoi on lui montrera incessamment le pour et le contre des choses, c'est pourquoi on travaillera sans relâche à éveiller en lui l'esprit de critique et d'examen. Respectons toutes les convictions pour que la sienne se forme et même toutes les convictions dont les propagateurs ne sont pas convaincus. Nous ne trouvons pas mauvais qu'il ait le catéchisme entre les mains, mais nous tenons expressément à ce qu'il soit mis en état d'apprécier ce livre. Remarquez qu'il ne s'agit pas des opinions de son père ou de sa tante, mais de former la sienne, pas plus qu'il ne s'agit de lui conserver le respect de votre enseignement, car dès l'instant où il reçoit un autre enseignement que celui des faits, nous sortons de la neutralité ».

Et ainsi, la neutralité de l'école se trouve en contradiction formelle avec la nôtre, que j'ose appeler la vraie.

Or, si ce n'est pas dans nôtre sens que la neutralité reçoit son application, ce n'est pas non plus dans celui que les officiers d'académie qui l'ont inventée prétendent être le leur. Les diverses « Instruction morale et civique » y compris celle qui valut à Albert Bayet la malédiction de son père, comportent en effet, entre autres absurdités, un chapitre sur le patriotisme qui est une violation flagrante à cette neutralité tant respectée, car aujourd'hui personne n'est plus d'accord sur la valeur de l'idée de patrie.

A l'écolier qui voit dans son livre, qui entend dans sa classe : Nous devons aimer notre patrie, la défendre, mourir pour elle au besoin — demandons : pourquoi cela? Un sentiment aussi décidé doit avoir une raison ? L'enfant répétera tant bien que mal, jamais d'une manière naturelle et sentie, car son sens est trop juste, les nébuleuses raisons de son livre. Précisons-les pour lui, au besoin, et opposons-y les nôtres, en le laissant libre de choisir. Recommandons-lui d'exposer à son maître, soit l'avis qui lui aura semblé le plus probant, soit l'un et l'autre, s'il n'a pu décider.

Et alors, ou le maître est un homme intelligent et la seule méthode qu'il puisse employer sans improbité lui sera révélée ; ou c'est un esprit fermé et vous avez pris ce soin que vous devez prendre d'avertir l'élève qu'il n'avait pas à tenir compte de son entêtement ; de toute manière vous avez fortement ébranlé le respect de la chose enseignée, ce respect qui nous a si gravement marqués pour l'esclavage.

Pour notre part pourtant, en matière de morale destinée

à être inspirée à l'enfant, nous ne demandons qu'à nous
taire. Que ceci ne surprenne pas Nous sommes décidés à
combattre la morale de l'école, chez l'écolier même, afin
le changer l'esprit scolaire, s'il est possible ; mais nous
ne nous y décidons que devant le danger qu'il y aurait à
faire autrement et nous ne tenons pas pour normal ce
développement de l'enfant. Certes, nous voulons que ces
mioches soient demain des individus capables de vivre
sans lois et sans maîtres, et c'est pour cela que nous
sommes forcés de toujours opposer la critique anarchiste
au préjugé bourgeois qu'on s'efforce de leur inculquer.
Mais nous n'ignorons pas qu'il y a à cela un immense
écueil : c'est que ni le préjugé, ni la critique n'intéressent
notre élève, cela n'est pas son affaire. Ce qui le passionne,
c'est les bêtes les machines, les sons, les métaux, l'arc-
en-ciel, les bourgeons. les bateaux, les jets d'eau, les
pierres, les folles courses, la chaux qui bouillonne, la
glace transparente, la terre cuite que sais-je ? C'est la
connaissance infinie qui nous permettra de réaliser le
progrès.

Et c'est sans morale que nous pensons qu'il convient
d'élever l'enfant.

D'ailleurs, nous sommes en cela fidèles à notre principe de lui laisser découvrir. Il découvrira lui même les
rapports entre les hommes et les définira selon sa conception. Je n'ai nullement peur qu'un enfant sain et
normalement développé qui a pris le goût de la recherche
et acquis la vaste compréhension des lois naturelles, ne
sache pas se conduire, bien au contraire, il saura et il
pourra.

*
* *

Ainsi, tandis que, pénétrés de l'utilité de la rénovation
de l'enseignement, les anarchistes y consacrent des efforts
que nous voudrions voir plus ardents encore, l'Eglise et
l'Etat redoublent de zèle dans leurs rivalités et apportent

à leurs entreprises ce que nous ne saurions y apporter,
la monnaie en quantité et l'appui des pouvoirs.

De telle sorte que la marmaille d'aujourd'hui se dresse,
à nos yeux, en deux parts : les petits camarades qui gran-
dissent selon notre idéal et ceux qu'on empoisonne soi-
gneusement des préjugés antagonistes. Les premiers
sont une poignée, les autres une masse innombrable.

Or, ces mioches, nous les voulons tous pour la liberté.
Et la tâche qui s'offre à nous est double : d'une part, nous
avons à assurer le développement harmonieux du plus
grand nombre possible ; d'autre part, à nous opposer à la
perversion et à l'asservissement de ceux dont nous ne
pouvons nous charger.

Occupons-nous d'abord, en ces lignes, des parias.
Bientôt, nous reparlerons des privilégiés : on reproche
souvent à l'école laïque de mal se défendre contre la con-
currence des ignorantins. Comment en serait il autrement?
Les méthodes employées dans l'une et l'autre école sont,
aujourd'hui, sensiblement les mêmes, mais si le cher frère,
gras et bien nourri, fait des classes de vingt à vingt-cinq
élèves, celles de la laïque comprennent rarement moins
de soixante et souvent plus de quatre-vingts écoliers !

L'instituteur primaire, outre qu'il est écrasé par une
besogne au dessus des forces humaines, que compliquent
presque toujours les soucis de la misère, est garotté dans
un programme qu'il doit parcourir dans l'ordre, et obligé,
de par les visites inspectoriales, de faire du trompe l'œil
(je veux dire de passer d'une connaissance à l'autre, dans
un temps prévu d'avance et souvent inférieur à celui qu'il
aurait fallu aux écoliers pour s'assimiler ces connaissances). Enfin, quelques uns des élèves apportent de leur
famille des habitudes et une moralité telles qu'ils constituent un danger permanent absorbant toute l'attention du
maître, et je connais une école de filles de la banlieue où
l'institutrice m'a dit avoir vu arriver ivres des enfants de

dix ans !

Or, s'il est absolument impossible d'instruire sans expérience, sans outils, presque sans images et tout à fait sans liberté, soixante ou soixante-dix enfants, plus ou moins bien portants, dans un temps restreint, s'il est matériellement impossible de s'assurer que les leçons ont été comprises par chacun, il est encore bien plus illusoire de compter sur ie « travail dans la famille » pour compléter cette instruction. Chaque soir, néanmoins, les enfants emportent devoirs et leçons et achèvent d'apprendre : 1° à bafouiller ; 2° à admettre, sans contrôle, les idées que d'autres ont émises ; 3° à s'assimiler des notions sans netteté, se faisant ainsi un esprit brumeux qu'ils garderont bien souvent et qu'apprécieront beaucoup les politiciens, 4° à travailler sans goût.

On peut ajouter que l'écolier, chez lui est la plupart du temps, mal installé, mal éclairé, bousculé par ses petits frères et que, s'il lui est impossible de s'appliquer, il a toute latitude pour parfaire sur son échine et sur sa vue les déformations scolaires (car le mot existe, évocateur de cages et de supplices moyennageux : déformations scolaires !)

Quelques camarades anarchistes et nous-mêmes avons pensé à grouper les enfants de l'école, après la classe, pour commenter et compléter les leçons du programme de la bonne manière. L'instituteur y trouverait son compte car ces enfants auxquels leurs leçons seraient expliquées, seraient les plus instruits. L'école communale aurait des élèves de douze à treize ans sachant vraiment lire et s'exprimer, ce qui se voit rarement aujourd'hui. Voir une fière et intelligente génération s'élever à la place du troupeau attendu, cela serait certainement une joie pour nos chers dirigeants...

Ce serait une excellente force et d'une grande portée, que de compléier ainsi l'enseignement de l'Etat.

Quel avantage si l'on pouvait réunir ces enfants après la classe ! A p u de frais, avec de l'intelligence et de l'ingéniosité, on les installerait convenablement. Une table de six ou huit places, à laquelle ils se succéderaient, suffirait pour une trentaine d'enfants, (si l'on songe que les plus petits, ceux de huit à dix ans, ne doivent pas emporter pour plus d'un quart d'heure de travail). Les devoirs seraient expliqués sur des exemples et on y installerait les enfants après s'être assuré que ce ne sera plus pour eux un abrutissement angoissant, mais un exercice intéressant. La matière des leçons serait montrée, offerte à la vue, toutes les fois qu'il est possible et on inviterait les écoliers à définir eux-mêmes ce qu'ils voient ; de telle sorte qu'ils acquerraient ainsi à la fois des notions plus nettes, plus sensibles, plus solides et l'habitude de s'expliquer et de décrire eux-mêmes tandis qu'ils perdraient l'habitude si funeste de définir de mémoire et de décrire d'après les autres.

Par exemple, si avec quelques pierres, un peu de terre, un peu d'eau, vous figurez aux marmots intéressés et joyeux le système de partage des eaux, une île, un volcan, etc., non seulement ils comprendront très vite et même raconteront à leurs camarades ce qu'ils ont vu de semblable dans la nature ; mais ils sauront vous répondre quand vous leur demanderez : qu'est-ce qu'une île ? Pendant qu'ils l'ont sous les yeux et que le livre est au diable, vous aurez à choisir entre bien des définitions dont quelques-unes très pittoresques, à éliminer les vicieuses en disant pourquoi elles le sont, à choisir la plus simple entre les bonnes, etc., ce qui constituera un excellent exercice. Ces enfants auront beaucoup acquis, sans se douter qu'ils travaillent ; tandis que le triste écolier, penché sous la lampe, qui répète jusqu'à ce qu'il s'en souvienne les définitions de M. Foncin, a beaucoup peiné pour n'acquérir que peu.

« Mais le maître se salirait ! » m'a dit l'un des écoliers auxquels je parlais de ces systèmes éducatifs. Et celui-là avait trouvé le vrai mot. Le maître a des manchettes ! La maîtresse a un corset ! Les voyez-vous à quatre pattes, barbottant dans la boue, parmi les gosses ? Et le prestige ?

Car, ce que l'on enseigne avant tout à l'Ecole Normale, c'est le prestige. A mesure que le futur instituteur perd son originalité, il devient trop souvent empreint d'une morgue doctrinaire et autoritaire. La preuve, c'est cette parole qu'on entend souvent dire aux petits : « C'est vrai, le maître l'a dit ». En voilà un mauvais compliment à faire de son éducateur ! Et je n'insiste pas sur le ton imposant que prend le « pion », malgré qu'il soit susceptible de susciter des accidents nerveux chez l'enfant prédisposé, lui faisant ainsi contracter souvent des affections qui se prolongent la vie entière.

Naturellement, le livre, loin d'être systématiquement méprisé, sera souvent en mains et nous nous attacherons, non seulement à apprendre à nos gosses vraiment à lire, mais encore à aimer la lecture et à comprendre exactement ce qui est écrit.

Nous savons trop qu'ils tireront plus tard de cette connaissance, avec d'inestimables joies, d'extraordinaires leçons.

Qu'on en soit bien convaincu, il ne peut y avoir de besogne plus profondément révolutionnaire que celle d'apprendre aux enfants du peuple à lire véritablement, à écrire, à s'exprimer que de les mettre en état de se renseigner et de se faire comprendre. L'opinion n'est pas de moi et ne date pas d'hier. C'est bien pourquoi l'enseignement officiel est si peu sérieux.

Bien entendu, il serait encore préférable de pouvoir arracher complétement nos enfants à l'abrutissement pédagogique. La véritable solution serait de nous charger, directement et personnellement, de leur éducation, en

dehors de toute autorité et de **tout système dogmatique.**
Mais la besogne est délicate et ardue et il nous faut avouer
que les tentatives faite jusqu'à ce jour ne furent guère
probantes D'autre part, tous les camarades ne peuvent
se charger de leurs enfants certains parce qu'ils n'en
ont pas le temps, d'autres parce que la capacité leur fait
défaut. Il serait donc intéressant, faute de mieux et en
attendant de pouvoir faire besogne plus complète, de
soustraire les enfants, par une éducation complémentaire,
à l'influence pernicieuse de l'école.

En attendant mieux, il serait très utile que dans chaque
centre où se trouvent des camarades, ils puissent réunir
leurs enfants dans un local (avec jardin autant que possible) où ils pourraient dépenser leur activité sous la sur-
veillance d'un camarade apte à répondre à leurs questions
et à diriger intelligemment leur évolution mentale.

A mon avis la meilleure solution consisterait donc à
soustraire l'enfant à l'école. Mais si cela n'est pas possible, pour une raison quelconque, il ne faut pas accepter
sans réagir la besogne de l'instituteur et travailler au
contraire à éclairer vraiment la mentalité du jeune élève.
Non seulement cela sera indispensable dans l'intérêt de
ce dernier, mais cette réaction permettra d'infuser un état
d'esprit nouveau au sein même de l'école et d'obtenir sur
l'esprit du maître une répercussion plus ou moins salu-
taire selon les circonstances. Nous pourrions soutenir et
aider les instituteurs sympathiques, placés généralement
dans une situation pénible à l'égard des dirigeants qui
les paient pour effectuer une besogne de déformation morale et qui n'acceptent pas volontiers de leur voir accom-
plir un autre travail, puisqu'il serait inévitablement
nuisible à leur parasitisme. Quant aux autres, aux esprits
bornés et aux asservisseurs, nous verrions à leur faire la
vie dure.

Notre action pourrait surtout être fructueuse à l'égard

de « l'Instruction morale et civique », cette magnifique morale que l'Etat bourgeois, au mépris de la neutralité, se hâte tant d'imposer à nos mioches puisqu'ils doivent la posséder à l'âge de onze ans !

Je pense que sa suppression arriverait le jour où la bande des hauts universitaires aurait trop entendu discuter dans les classes des cours moyens et supérieurs, dans les examens, concours, etc., le respect de la justice, de l'armée, de la patrie, de la propriété, la croyance que la Grande Révolution nous a comblés que nous sommes parvenus au plus haut point de la civilisation depuis la nuit du 4 Août, l'infériorité de l'étranger, etc. Et tout cela serait mis en discussion fatalement, car les soirs où nos enfants auraient eu à apprendre les tirades sentimentales des moralistes scolaires, nous en aurions profité pour leur raconter des histoires dont quelques-unes tirées de l'histoire et même de l'histoire contemporaine.

Enfin, considération importante, ces enfants dont nous aurions dirigé les commencements tâtonnants resteraient nos amis. Camarades de leur adolescence, nous pourrions continuer à diriger leurs études personnelles, leurs lectures, leurs recherches. Intellectuellement et moralement développés de bonne heure par l'habitude de la critique et de la réflexion; préservés par des goûts supérieurs, des habitudes qui abrutissent dès l'apprentissage les jeunes travailleurs illettrés, ils seraient à cet âge merveilleux de vingt ans, des jeunes gens, non du bétail. Et l'on verrait !

Emilie LAMOTTE.

Janet (Dr), *Les Névroses*, 6 fr. 50.
Joubin (Dr), *La Vie dans les Océans*, 6 fr. 50.
Julliot, *L'Éducation de la Mémoire*, 6 fr. 50.
Launay, *L'Histoire de la Terre*, 7 fr. 50.
Le Bon (Dr), *L'Évolution de la Matière*, 7 fr. 50.
 — *L'Évolution des Forces*, 6 fr. 50.
 — *Les Opinions et les Croyances*, 6 fr. 50.
 — *La Révolution française et la psychologie des révolutions*, 7 fr. 50.
Le Dantec (Félix), *Les Influences Ancestrales*, 7 fr. 50.
 — *La Lutte universelle*, 6 fr. 50.
 — *De l'Homme à la Science*, 6 fr. 50.
 — *L'Athéisme*, 7 fr. 50.
 — *Science et Conscience*, 6 fr. 50.
 — *L'Égoïsme*, 6 fr. 50.
 — *La Science de la Vie*, 6 fr. 50.
 — *Savoir !*, 6 fr. 50.
Legrand, *La Longévité à travers les âges*, 6 fr. 50.
Lombroso, *Hypnotisme et Spiritisme*, 7 fr. 50.
Mach (E.), *La Connaissance et l'Erreur*, 6 fr. 50.
Martel (E.-A.), *L'Évolution souterraine* (80 figures), 6 fr. 50.
Maxwell (Dr J.), *Le Crime et la Société*, 6 fr. 50.
Meunier (S.), *Les Glaciers et les Montagnes*, 6 fr. 50.
 — *Les Convulsions de l'Écorce Terrestre* (35 figures), 6 fr. 50.
 — *Histoire géologique de la mer*, 6 fr. 50.
Naudeau (Ludovic), *Le Japon moderne, son Évolution*, 6 fr. 50.
Ostwald (W.), *L'Évolution d'une Science : la Chimie*, 6 fr. 50.
 — *Les Grands Hommes*, 6 fr. 50.
Perrier (Ed.), *A travers le monde vivant*, 6 fr. 50.
 — *La Vie en action*, 6 fr. 50.
Picard (Emile), *La Science moderne*, 6 fr. 50.
Piéron (H.), *L'Évolution de la Mémoire*, 7 fr. 50.
Poincaré (Henri), *La Science et l'Hypothèse*, 6 fr. 50.
 — *La Valeur de la Science*, 6 fr. 50.
 — *Science et Méthode*, 6 fr. 50.
Poincaré (Henri), *Dernières Pensées*, 7 fr. 50.
Poincaré (Lucien), *La Physique moderne*, 7 fr. 50.
 — *L'Électricité*, 7 fr. 50.
Rey (Abel), *La Philosophie moderne*, 6 fr. 50.
Roz (Firmin), *L'Énergie américaine*, 6 fr. 50.
Tissié (Dr), *L'Éducation physique et la Race* (24 figures), 6 fr. 50.
Vaschide (Dr), *Le Sommeil et les Rêves*, 7 fr. 50.
Villey (Pierre), *Le Monde des Aveugles*, 6 fr. 50.
Zolla (Daniel), *L'Agriculture moderne*, 6 fr. 50.
Berget, *Les Problèmes de l'Océan*, 7 fr. 50.
Joteyko (Dr), *La Fatigue*, 6 fr. 50.
Paulhan, *Les Transformations sociales des sentiments*, 6.50.
Friedel, *Personnalité biologique de l'Homme*, 8 fr. 25.